LES TREIZE

PARIS. — IMPRIMERIE DE J. CLAYE
RUE SAINT-BENOIT, 7

EUGÈNE PELLETAN

LES TREIZE

LETTRE

A M. LE SUBSTITUT MAHLER

PARIS

PAGNERRE, LIBRAIRE-ÉDITEUR

RUE DE SEINE, 18

1864

LES TREIZE

LETTRE A M. LE SUBSTITUT MAHLER

I.

Je tiens d'un honnête homme, président de chambre à Poitiers, qu'il ne faut jamais médire de la toge ni de la chose jugée.

Il m'en donnait une si bonne raison, et de si bonne amitié, que j'ai toujours suivi ou du moins voulu suivre son conseil.

Si donc, monsieur le substitut, je dis un mot de trop, n'y faites pas attention : ce n'est qu'un indiscret qui aura forcé la consigne.

Vous m'avez accusé ; je me crois le droit de me défendre. Puisque je n'ai pu le faire à l'audience, il me faut bien le faire à cette place; et après tout, brochure ou tribunal, n'est-ce pas toujours devant le public, notre juge en dernier ressort?

Vous avez affirmé à plusieurs reprises que j'avais fait partie du comité électoral tenu rue Saint-Roch, chez notre ami Dréo.

En êtes-vous bien sûr, monsieur le substitut? Oui, sans doute, puisque vous l'avez dit dans votre réquisitoire.

Mais j'en suis si peu sûr pour mon compte, que j'ai besoin de votre parole pour savoir à quoi m'en tenir. J'avoue même qu'en lisant votre acte d'accusation, je me disais : Suis-je bien celui-là, ou ne suis-je que son Sosie?

Car, enfin, lorsqu'on vint m'offrir une place, à coup sûr flatteuse, dans le comité de la rue Saint-Roch, je crus devoir refuser la proposition. Faut-il avouer pour quel motif? Eh! mon Dieu, pour un cas de conscience.

Certes, on aurait tenu à honneur de voir son nom, le dernier en date, figurer sur une liste à côté des noms de Carnot, Pagès, Marie, Charton, Corbon, Crémieux, Jules Simon, Henri Martin, nos aînés et nos maîtres dans la démocratie.

On n'aurait pas moins tenu à honneur de porter le poids du jour avec cette pléiade méritante de jeunes avocats, Dréo, Hérold, Clamagéran, Hérisson, Ferry, Durier, Floquet, dont on peut dire, sans flatterie, qu'ils sont la part de l'avenir.

Mais après le décès du comité des vingt-cinq, mort au second quart d'heure, j'avais cru devoir, à tort ou à raison, prendre l'engagement de ne rentrer dans aucun autre comité; c'était une promesse d'honneur, je devais la tenir.

Je l'ai tenue, en effet; j'adressai même au *Temps*

une lettre pour dégager ma situation personnelle, et dans cette lettre, publiée, publique, connue par conséquent du parquet, je déclarais expressément que j'acceptais la candidature de la neuvième circonscription « en dehors de tout comité. »

Depuis lors, le signataire de la lettre au *Temps* n'a jamais fait acte de membre, effectif ou contumace, du comité de la rue Saint-Roch, ne lui a jamais donné ni un coup de main, ni un coup de plume, ni un seing, ni un blanc seing, ni même le denier de la veuve sous forme de souscription.

Jamais, de son côté, le comité n'a inscrit mon nom soit sur sa liste, soit sur une circulaire, soit sur une lettre imprimée ou manuscrite, expédiée à la clientèle de son patriotisme.

Et pourtant, monsieur le substitut, vous m'avez rangé d'office dans le comité singulièrement élargi de la rue Saint-Roch, non pour faire nombre, comme tel ou tel membre, après coup, étonné de tant d'honneur, mais bien pour grossir d'un dix-septième le comité... du comité.

Car il y a deux comités dans un, à ce qu'il paraît. Il y a d'abord le comité central, le noyau du système planétaire, chiffré au nombre dix-sept, et c'est de celui-là que j'ai fait partie à mon insu.

Il y a ensuite le comité ambiant, répandu partout en nombre illimité, espèce de tourbillon confus, où gravite pêle-mêle une légion d'astres errants; quant à celui-là, l'accusation n'en tient compte que pour mémoire.

Voilà la thèse, j'ai trop de respect pour dire l'hypothèse que vous avez mise en avant, et que vous avez soutenue, je dois le reconnaître, avec toute l'ardeur de la conviction.

II.

Mais quoi donc! monsieur le substitut, celui-là même qui vous écrit en ce moment a siégé, dites-vous, dans la haute vente d'une charbonnerie électorale. Il a provoqué et contribué pour un dix-septième à la perpétration d'un délit, le tribunal du moins l'en déclare atteint et convaincu, et il le condamne, sinon en fait, du moins en esprit!

Et pendant toute la durée de la poursuite, on n'a pas interrogé une seule fois ce coupable au premier chef; on ne l'a pas entendu une seule minute, ni comme témoin, ni comme accusé, ni dans l'instruction, ni à l'audience. Il n'apprend le délit qu'il a commis que par la condamnation platonique, il est vrai, mais enfin la condamnation dont on a cru devoir le frapper.

Est-ce tout? Non. Le comité de la rue Saint-Roch, on peut lui rendre cette justice, a toujours officié à la lumière du soleil; du premier moment, il a dit à haute voix : Voici qui nous sommes, combien nous sommes, et tous ont loyalement livré leurs noms au public.

Et pendant qu'ils marchaient le front levé, dans la conscience de leur droit et de leur devoir, il y avait parmi eux un associé honteux qui leur murmurait à voix basse : Cachez-moi, ne me nommez pas, car je n'entends vous assister qu'à la cantonade.

Puis un jour vient où le parquet intente un procès au comité pour association illégale; on fait un triage parmi les associés, c'est-à-dire parmi les délinquants; on envoie les uns sur les bancs de la police correctionnelle, et on livre simplement les autres aux remords de leur conscience.

Mais les derniers protestent contre l'exception ; il y a similitude, il y a solidarité entre nos amis et nous; si nous sommes innocents, ils sont irréprochables; s'ils sont coupables, nous le sommes aussi; nous demandons à partager leur fortune.

Un seul ne proteste pas, un seul reste dans l'ombre, un seul garde l'incognito; tous avouent, tous revendiquent leur participation au comité; mais lui n'avoue rien, ne revendique rien... Vous le dites dans votre réquisitoire.

Voilà le rôle que vous me prêtez, monsieur le substitut. Vous ne me connaissez pas; vous me faites tort. J'appartiens, je vous prie de le croire, à une opinion qui ne sait pas baisser la tête et qui ne recule pas devant un danger.

Savez-vous bien que votre réquisitoire me met dans une singulière situation ? Il me place entre un mensonge ou une platitude.

Un mensonge, si j'avoue ma coopération au comité de la rue Saint-Roch, quand, sur l'honneur, je n'en ai pas fait partie.

Une platitude, si je repousse une complicité morale; car j'ai l'air de vouloir échapper à la conséquence possible d'un procès.

Eh bien ! dans cette alternative, je prends la solution

la plus française, j'accepte, comme M. Coulon, la place posthume que vous voulez bien me donner dans le comité.

Mais entendons-nous, je l'accepte sous bénéfice d'inventaire, à condition de recueillir ma quote-part de responsabilité.

Me voici donc accusé, moi aussi, du délit d'association illégale. Voyons si ce délit existe réellement dans le cas présent. Je demande pardon à M. Jules Favre de poser la question après le coup de foudre de sa plaidoirie.

III.

Le 16 juin dernier, au matin, tout à coup et à la même heure, la police faisait une descente au domicile de MM. Pagès, Carnot, Hérold, Clamagéran, Durier, Ferry, Corbon, Floquet, Gambetta, Durand, Murat, Hérisson, Jozon, etc., et je dois dire en toute loyauté que çà et là, chez M. Carnot notamment et chez M. Garnier-Pagès, elle mit toute la bonne grâce imaginable dans l'exécution de son mandat.

Mais ailleurs elle déploya un peu plus de rudesse, ou, si vous aimez mieux, de rigueur. Chez M. Clamagéran, par exemple, où elle ne trouva qu'une aïeule octogénaire, elle crocheta les serrures et força les tiroirs, et chez M. Floquet, où elle ne trouva personne, elle brisa une cassette qui contenait une correspondance intime et, après en avoir pris connaissance, elle répandit les lettres sur le parquet.

Et partout, chez M. Garnier-Pagès comme chez M. Floquet, papiers de famille, épanchements d'amitié, secrets du cœur, confidences à l'oreille, cette part sacrée de nous-mêmes, qui est comme la pudeur de l'âme humaine, on examine tout, on fouille tout, on lit tout, on emporte tout ce qui pourra servir au procès... et à quelque chose de plus que le procès.

Le même jour et à la même heure, en vertu d'une commission rogatoire du juge d'instruction de Paris, on faisait une visite domiciliaire à Dijon, chez M. Magnin; à Auxerre, chez M. Savatier-Laroche; à Lyon, chez M. Chanoine; à Marseille, chez M. Bory; à Montpellier, chez M. Charamaule; à Schélestadt, chez M. Melsheim, etc., et là encore on fouillait, on lisait, on amassait pour enrichir le dossier de l'accusation.

Qu'y avait-il donc? que signifiait l'ubiquité de cette perquisition? La France courait-elle un nouveau danger? La justice avait-elle surpris la traînée d'une conspiration et allait-elle mettre le pied sur une fourmilière de termites?

Bientôt on sut à quoi s'en tenir; il ne s'agissait que d'une question de droit; peut-on former un comité pour soutenir une candidature?

Ainsi, pendant toute la période électorale de mai 1863, de décembre 1863 et de mars 1864, lorsque le comité fonctionnait hautement, lorsqu'il patronnait ostensiblement la démocratie libérale, qu'il faisait échec par conséquent aux candidats du pouvoir et que le pouvoir avait tout intérêt à le dissoudre, et que pour le briser il n'avait qu'un mot à dire : la loi ne le reconnaît pas; pendant tout ce temps-là, le gouvernement ne soupçonne pas, ou ne paraît pas soupçonner l'illégalité flagrante du comité, et il le laisse magnanimement opérer jusqu'à la dernière minute de la dernière élection.

Et c'est trois mois après, quand M. Pagès est nommé, quand M. Carnot est élu, quand tout est fini, irrévocablement fini, et pour longtemps, quand il ne reste plus de la bataille électorale que çà et là, au coin d'un carrefour, un lambeau d'affiche flottant au vent; quand enfin le comité est licencié et rentré dans l'oubli, c'est à ce moment-là, et à ce moment seulement, que, retournant la tête en arrière, le gouvernement croit devoir intenter un procès à l'ombre lointaine du comité évanoui dans sa victoire.

A quel titre? sur quel fondement?

IV.

Est-ce à titre de société secrète?

Mais la première condition d'une société secrète, c'est peut-être bien le secret; or jamais, que je sache, le comité n'a fait mystère de son existence; il en faisait plutôt étalage, car il faut bien parler au public pour agir sur le public, au moment d'une élection.

Une société secrète d'ailleurs a un but caché, on peut le dire sans paradoxe, et ce but ne peut être qu'un coup de main sur le pouvoir; or une armée sortie d'une cave au premier rayon de l'aurore n'a jamais abouti qu'à une échauffourée; le mieux qu'on en puisse retirer, c'est une oreille gelée, comme Lafayette dans l'affaire de Belfort.

Or, il n'y avait personne au comité qui ne sût que cette chasse à l'affût du pouvoir, loin d'avancer une idée, ne fait que la retarder, en effrayant l'opinon publique, qui veut toujours, en sa qualité d'intelligence des intelligences, que ce soit la vérité et non la force qui gouverne un pays.

Est-ce à titre de réunion publique qu'on allait poursuivre le comité?

Mais pour qu'il y ait réunion publique, il faut qu'il y ait porte ouverte à tout venant, il faut qu'on puisse entrer, sans avoir à justifier de sa présence.

Or, à moins de faire violence à la langue française, déjà tellement violentée que, dans la bouche de M. de Persigny, séparation veut dire confusion de pouvoirs, un groupe d'hommes, choisis entre eux pour agir entre eux, n'a jamais signifié réunion publique.

Un comité électoral, d'un autre côté, a un caractère essentiellement privé; c'est en quelque sorte le conseil de guerre pacifique du suffrage universel, et il ne peut délibérer utilement qu'autant qu'il délibère en famille.

Est-ce à titre, enfin, d'association illégale que le comité avait mérité la sévérité de la justice?

Mais pour constituer le délit d'association illégale, le Code exige le chiffre sacramentel de vingt et une personnes; au-dessous de ce chiffre, il n'y a plus de délit. Nous pouvons donc, nous autres Français, nous associer à dix, à quinze, à vingt inclusivement, mais pas au delà, pour faire de la musique à jour fixe, ou pour lire une pièce de poésie.

Or, le comité n'a jamais dépassé le nombre de

quinze, si je ne me trompe, et je défie bien le faiseur de miracles le plus authentique de changer à volonté quinze en vingt et un, par une opération du Saint-Esprit, car l'arithmétique, après tout, c'est l'arithmétique.

Ce n'est pas cette jolie duchesse de Rohan, du temps de la Régence, qui livrait la place à première sommation, et disait ensuite en rajustant une rosette devant la glace : N'ai-je pas fait une belle résistance?

L'arithmétique n'a de coquetterie ni de complaisance pour personne, elle dit ce qu'elle dit, elle dit que quinze font quinze et non vingt et un, et elle le répète de toute éternité, avec une désespérante monotonie.

Que faire donc pour trouver le délit, car la justice croyait au délit dans toute la sincérité de la conscience?

V.

Ce qu'on fera? Ce que vous ferez le premier, monsieur le substitut? On élèvera le chiffre innocent de quinze à un chiffre coupable, en associant aux membres effectifs du comité tous leurs correspondans ou tous leurs souscripteurs.

On dira que le simple fait d'une lettre ou d'une souscription envoyée au comité constitue le délit d'affiliation, et on aura ainsi le nombre voulu par le Code pénal pour justifier une poursuite.

Mais, je vous le demande à vous même, avec toute la révérence imaginable, car je tiens à éclairer et non à blesser, est-ce que pour avoir écrit à l'Académie de médecine, et pour lui avoir donné ou demandé un renseignement, un médecin quelconque de la capitale ou de la province fait nécessairement partie de cette académie, même à titre de correspondant?

Non; pour qu'un médecin appartienne en réalité à l'Académie de médecine, il faut que cette Académie l'ait élu, l'ait inscrit sur son registre et qu'il ait lui-même sollicité ou accepté sa nomination. Si une simple lettre affranchie à la poste, avec un timbre bleu ou jaune, suffisait pour nous enrégimenter de gré ou de force dans une corporation, où en serions-nous, grand Dieu! Tout le monde écrirait à l'Institut.

Peut-on aussi admettre l'identité légale du souscripteur et de l'affilié? Eh quoi! parce que je porte chaque année mon offrande au bureau de bienfaisance, est-ce que j'aurai le droit, par le seul fait de ma souscription, de me dire membre du bureau et de vouloir siéger dans son conseil de surveillance?

Mais à ce compte, ce n'est plus la volonté des associés qui forme l'association, c'est une pièce de monnaie; et un décime à la main, ami ou ennemi, le premier venu peut forcer l'entrée d'une société et en grossir à volonté le contingent.

Enfin, monsieur le substitut, pour ajouter sans doute à la gravité du délit, vous avez signalé ce que vous appelez la permanence du comité; permanence pourquoi et en quoi, je vous prie? Parce que vous trouvez les mêmes noms sur la liste du comité à l'élection de mai, à l'élection de décembre et à l'élection de mars dernier.

Mais la permanence des noms ne saurait constituer la permanence des actes, et ce sont les actes seulement que vous avez à poursuivre. Certes je vois les mêmes noms figurer sur la liste du Corps législatif; mais il ne s'ensuit pas pour cela, j'imagine, que le Corps législatif siége en permanence.

Il a une existence intermittente, au contraire; il n'existe véritablement à l'état de corps législatif qu'à l'heure de la session, et entre le député de la session et le député de l'interrègne il y a un abîme au point de vue légal, car, dans le premier cas, le député porte le caractère inviolable du législateur, et dans le second, ce n'est plus qu'un simple citoyen, passible de la police correctionnelle, comme nous en avons l'exemple.

Mais permanence et comité électoral sont deux mots impossibles à concilier, car, les élections finies, un comité électoral, à moins de vouloir tourner dans le vide, n'a plus qu'à finir lui-même et qu'à rentrer dans le néant.

Cependant, à chaque réélection, dites-vous, le comité de la rue Saint-Roch ressuscite sous les mêmes traits, avec le même personnel. Eh! oui, assurément, par la raison toute simple qu'un comité est un être moral, prédestiné à influer sur l'opinion. On ne le nomme donc pas à volonté; il est toujours nommé, que dis-je? imposé d'avance.

Pourriez-vous concevoir un comité démocratique, élu pour agir sur la démocratie, qui laisserait à l'écart les noms de Carnot, Pagès, Marie, Simon, Corbon, Henri Martin, Charton, c'est-à-dire les notables de la démocratie, sinon tous, du moins ceux que l'exil et la mort ont épargnés; mais de ce moment ce ne serait plus un comité, ce ne serait qu'un fantôme.

Ainsi donc, ou pas de comité, ou comité composé du même personnel : voilà le dilemme forcé.

VI.

Et quand bien même on aurait réussi à établir et la complicité par souscription, et l'affiliation par correspondance, et la permanence d'un comité électoral qui persiste à faire des élections quand il n'y a plus d'élections sur le tapis, faudrait-il en conclure que ce même comité, multiplié désormais à l'infini, tombe sous le coup de la police correctionnelle?

Malgré la déférence que je porte au tribunal de première instance, je demande encore la permission d'en douter jusqu'à nouvel ordre, c'est-à-dire jusqu'à épuisement de juridiction ; car enfin la loi du 10 avril 1834, celle-là même que le tribunal a invoquée pour frapper les treize, avait réservé le droit des comités électoraux.

L'article 5 de la loi avait essayé, à la vérité, de limiter leur franchise à la période électorale ; mais la chambre tout entière repoussa et l'article 5 et l'amendement substitué à l'article 5, comme apportant l'un et l'autre une restriction à un droit sacré, indispensable au pouvoir souverain de l'électeur.

Oui sacré, c'est le mot, même de M. Thil, un député du centre pourtant; mais malgré son esprit de conservation il comprenait et tout le monde comprenait avec lui dans la majorité, comme dans l'opposition, que les électeurs ont le droit de former des comités à tous les moments, et que ces comités ont le droit de siéger autant de fois qu'ils croient en avoir besoin.

Car pour faire une élection il faut de toute nécessité une entente préalable sur le choix du candidat, par conséquent une candidature débattue à l'avance, acceptée, propagée d'un commun accord; sinon l'urne électorale, abandonnée au hasard des compétitions, ne serait plus qu'un pêle-mêle d'amour-propre et un tirage à la loterie.

Si la chose était vraie, sous le régime du suffrage restreint, quand un collége électoral ne contenait en moyenne que trois ou quatre cents électeurs, à bien plus forte raison est-elle irréfutable aujourd'hui, en face de l'océan du suffrage universel, où une circonscription électorale ne saurait renfermer moins de trente à quarante mille votants.

Aussi depuis la loi de 1834 il y a eu bien des régimes, et sous ces régimes bien des comités électoraux, en tout nombre et en tout temps, et jamais on ne les a inquiétés, encore moins dissous, encore moins cités à comparaître devant la sixième chambre de police.

Lorsqu'au mois de juin 1857, par exemple, un comité démocratique siégeait rue Gaillon et que *le Constitutionnel* le dénonçait chaque matin, comme un nouveau gouvernement provisoire, à l'attention de la police, le parquet cependant resta les bras croisés et laissa le comité fonctionner dans la paix de l'innocence.

N'est-ce pas là un commentaire de fait qui explique la loi de 1834, bien mieux encore que tout commentaire du savant Faustin-Hélie? La loi ne dort pas à volonté et ne sort pas à volonté d'un sommeil de trente ans, pour ouvrir l'œil à l'improviste et apercevoir tout à coup un délit dont elle n'avait pas encore entrevu l'existence.

Comment donc expliquer la sévérité qu'on a cru devoir déployer contre treize citoyens, pour avoir formé une association de plus de vingt et une personnes?

Eh mon Dieu! par une idée préconçue, assurément consciencieuse de la part de la justice, c'est que le comité électoral n'était que le pseudonyme d'un conciliabule.

Je demande la permission de rassurer la justice à cet égard.

VII.

L'hiver dernier je rencontrai un homme qui compte dans l'État; je l'avais connu enfant de la balle, c'est-à-dire de la presse et passablement épris de la liberté.

Il a cru depuis au maléfice de la parole, mais il n'en est pas moins resté un homme d'esprit, à cela près qu'il prend encore le spectre rouge au sérieux.

— Paris est fou, me dit-il au premier abord.

— Alors, il faut le mettre à Charenton.

— La banlieue ne vaut pas mieux que Paris.

— Que voulez-vous? La pâte a pris le levain.

— Après cela, répliqua-t-il, votre parti a une organisation...

— Merveilleuse, lui répondis-je.

— Une discipline...

— Irrésistible.

— Je ne vous demandais pas votre secret, mais puisque vous en faites l'aveu...

— Vous en prenez acte, n'est-ce pas? J'ajouterai même par la même occasion que nous avons l'organisation la plus mystérieuse et la discipline la plus savante qu'on puisse rêver, car par sa nature éminemment aérienne elle échappe à la surveillance de la police.

— Vous pourriez vous flatter; j'ai quelques raisons de supposer au contraire que la police suit la conspiration pas à pas.

— Et où et comment pourrait-elle la saisir? Quand cette conspiration, partout et nulle part, donne un mot d'ordre, elle n'a besoin ni de le dire ni de l'écrire, l'air le porte et le vent le répand. Or, cette organisation, cette discipline, voulez-vous la connaître? C'est l'opinion publique, l'opinion qui fait l'unité d'action par l'unité d'esprit. Quand on pense comme son voisin, on vote comme lui, de soi-même, naturellement, sans avoir à demander ou à recevoir de consigne. La consigne, après tout, c'est la communauté de tendance.

Il me regarda en souriant, et je pus lire sur sa figure ce sous-entendu charitable :

— Je ne veux pas vous donner de démenti, mais je sais à quoi m'en tenir.

Le gouvernement en effet ne pouvait consentir à croire qu'un mouvement spontané d'opinion eût entraîné le vote de Paris. Il croyait au contraire qu'on avait fabriqué une opinion artificielle dans quelque souterrain, comme de la fausse monnaie. La démocratie avait dû jeter sournoisement le filet d'un nouveau carbonarisme sur toute l'étendue du territoire.

Si je ne craignais de commettre une indiscrétion, je vous dirais que j'ai entendu un préfet spirituel raconter sérieusement que toute la classe ouvrière de Lyon avait voté par brigades, sous la conduite de décurions. Il ajoutait même qu'au moment de la proclamation du vote elle marcha en corps d'armée sur l'hôtel de ville; mais un personnage mystérieux fit un signe cabalistique du haut d'un balcon : la foule rompit les rangs, et chacun regagna son quartier.

Voilà ce qu'on disait, voilà ce qu'on pensait; la police avait l'imagination peuplée de fantômes, et quand on ordonna une fouille générale, d'un bout à l'autre de la France, on avait l'intime persuasion de mettre la main, non-seulement sur la preuve déjà faite d'un comité électoral, mais encore sur l'existence d'une conjuration contre la sûreté de l'État.

On a saisi trois mille lettres chez les inculpés, et de toute cette alchimie épistolaire, passée et repassée au creuset, on n'a pu extraire autre chose qu'un comité électoral, autre chose qu'une action électorale et toujours et uniquement électorale.

Et pourtant, monsieur le substitut, la préoccupation d'un complot caché derrière le comité couve encore dans votre esprit et transpire à chaque ligne de votre réquisitoire.

Car au lieu d'appeler le comité comité électoral, vous l'appelez comité politique, et je crois même républicain. Républicain! je croyais le mot défendu. Politique, oui, mais politique comme une élection.

Quoi qu'il en soit, après avoir constaté, par le dépouillement du volumineux dossier, que le comité de la rue Saint-Roch avait un caractère purement électoral, on n'en a pas moins jugé qu'à ce titre même il constituait un délit : on a donc continué le procès.

VIII.

Or, le vendredi 5 août, à onze heures du matin, on voyait rangés côte à côte, sur les bancs de la police correctionnelle, M. Carnot, ancien ministre de l'instruction publique ; M. Pagès, ancien ministre des finances ; M. Corbon, ancien vice-président de l'Assemblée constituante ; M. Hérold, avocat à la Cour de cassation et membre du conseil de l'ordre ; M. Hérisson, également avocat à la Cour de cassation et au conseil d'État, et enfin MM. Floquet, Durier, Clamagéran, Dréo, Jozon, Melsheim, Bory, avocats, écrivains, journalistes, publicistes, qui tous ont su rendre témoignage d'eux-mêmes dans une époque voilée qui ne laisse tomber de lumière sur la tête de personne.

Le président commence l'interrogatoire par M. Garnier-Pagès.

— Êtes-vous repris de justice? lui demande-t-il.

— Pas même en politique! répond Garnier-Pagès.

— Pas même en politique! qu'avez-vous dit là, mon ami? Mais savez-vous bien qu'à ce compte, moi qui vous parle, je serais un repris de justice et que je le serais en brillante compagnie : avec M. Mérimée, sénateur, condamné pour délit d'offense à la magistrature, avec

M. Michel Chevalier, autre sénateur condamné pour injure à la morale, avec M. Laity, encore sénateur, avec M. de Persigny, toujours sénateur, etc.

Lorsque j'allai visiter Lamennais pour la première fois dans sa cellule de Sainte-Pélagie, je crus devoir lui faire un compliment de condoléance.

— Monsieur, me dit-il en me prenant le bras, un homme qui se respecte sous ce régime-ci doit aller en prison avant la cinquantaine.

Quand Lamennais parlait de ce régime-ci, il parlait du régime de Louis-Philippe. La monarchie constitutionnelle paraissait alors une terre de servitude ; je l'ai entendue depuis regretter les oignons d'Égypte.

Mais, sans croire avec Lamennais que la prison ait jamais été, même sous le régime de Louis-Philippe, la condition rigoureuse d'une existence bien ordonnée, j'ai l'impertinence de rêver qu'on peut être en politique un repris de justice et ressembler encore à un honnête homme.

Il le faut bien, car enfin un écrivain osa un jour discuter, dans un pays de discussion, le républicanisme impérial du chansonnier Béranger, deux fois repris de justice, et quarante maires de la banlieue, et entre autres un conseiller d'État et un membre de l'Institut, ont déclaré l'écrivain coupable de lèse-majesté.

Après l'interrogatoire de Garnier-Pagès, vint le tour de Carnot. Il n'était pas non plus repris de justice. Tous les accusés passent à la file par la même question, et vous prenez ensuite la parole, monsieur le substitut ; je n'ai pas le droit de vous faire un éloge, et vous ne voudriez pas d'ailleurs l'accepter.

Mais, sans curiosité, j'aurais voulu lire dans votre intérieur pendant que Jules Favre parlait; que pensiez-vous au milieu de cette tempête d'éloquence? En avez-vous éprouvé une secousse?

Enfin le tribunal, après en avoir délibéré dans la chambre du conseil, a déclaré que le comité de la rue Saint-Roch avait formé une association illégale, mais avec circonstance atténuante.

Or la circonstance atténuante, je suppose, c'est que depuis cinquante ans, sous la Restauration, sous la monarchie de Juillet, sous la seconde République et sous le second Empire lui-même, nous autres Français, fils de 89, nous avions toujours eu le droit de nous entendre, de nous concerter pour choisir et soutenir une candidature.

Le jugement de la sixième chambre ne tend à rien moins qu'à retirer ce droit au suffrage universel, et alors qu'arrivera-t-il? Ici la question sort de la jurisprudence pour entrer dans la politique, et je demande la permission de la traiter par-dessus la tête du procès.

IX.

Nous avons vu tomber dans une vie d'homme bien des choses que l'on croyait inébranlables; mais sur leurs débris du moins un principe reste encore debout: c'est le suffrage universel.

Nous savons les raisons qu'on a invoquées contre la théorie de tout le monde électeur. Sismondi les a détaillées, avec un excès de bon sens, dans son anatomie comparée des institutions de la démocratie.

Mais il n'y a pas un seul de ses arguments qui tienne, à notre avis, devant cet argument suprême : le suffrage universel est désormais la paix de la nation.

Lorsque la France rentra en possession d'un coin de liberté, après la gloire militaire, à fond de train, de Napoléon, la Restauration voulut asseoir le droit électoral, dans l'intérêt de l'ordre, sur la pointe d'aiguille d'une seule classe, car on croyait qu'appeler la France tout entière à la politique, c'était appeler le vent et la tempête.

Et voici précisément que ce moyen d'ordre imaginé pour conjurer l'esprit révolutionnaire a déchaîné deux révolutions dans notre pays. Que voulez-vous? Quand la masse du peuple, évincée de l'urne, n'a plus la chance de pénétrer légalement dans l'enceinte législative, il faut bien qu'elle en force l'entrée.

C'est ainsi que la moyenne bourgeoisie, tenue en échec par le double vote, fit la révolution de Juillet pour dépouiller une oligarchie terrienne de son privilége, et que le peuple fit à son tour la révolution de Février pour déposséder la bourgeoisie censitaire de son monopole.

Aujourd'hui, grâce à Dieu, le suffrage universel a fondu toutes les classes en une et a donné à toutes une part égale de souveraineté. A partir de ce moment, elle les a toutes désarmées du droit d'en appeler à la force, puisqu'elles ont le moyen d'obtenir pacifiquement tout ce qu'elles pourraient demander à la ressource désespérée de l'insurrection. Comptons-nous et ne nous battons plus : voilà le suffrage universel.

Le bulletin a donc supprimé le coup de fusil dans la

rue, à moins que le peuple souverain, pour devenir plus souverain sans doute, ne tire sur sa propre souveraineté.

Le suffrage universel toutefois ne peut opérer ce travail d'apaisement qu'à une condition : que toutes les opinions y aient leur part de champ et de soleil; car pourquoi prend-on la peine de voter, si ce n'est pour dégager l'opinion du pays et l'investir du pouvoir?

Mais il ne suffit pas qu'on ait un droit écrit sur le papier pour avoir un droit dans ce monde, il faut encore qu'on ait l'exercice de ce droit dans toute sa plénitude; certes la femme chinoise a le droit de sortir comme elle veut, seulement on lui brise le pied pour l'empêcher de marcher.

Eh bien! je le demande à quiconque a l'expérience du suffrage universel, y aurait-il désormais un moyen humain de courir la fortune du scrutin, avec quelque apparence de succès, si aucun de nous, électeur ou candidat, n'a le droit de former un comité ou une réunion électorale, pour mettre en mouvement cette immense machine d'une élection?

X.

Je ne parle pas, bien entendu, du candidat officiel; celui-là aura toujours le droit de former un comité; mais quel besoin pourrait-il en avoir? Est-ce qu'il n'a pas à son service comité, sous-comité et succursale de comité autant et plus qu'il ne lui en faut pour le succès de son élection.

Le recteur d'académie écrit à l'inspecteur, et l'inspecteur à l'instituteur, pour recommander la candidature.

Le receveur général écrit au receveur particulier, et le receveur particulier au percepteur, pour appuyer la recommandation.

Le procureur général écrit au procureur impérial, et M. le procureur impérial au juge de paix, encore pour le même candidat.

L'ingénieur en chef écrit à l'ingénieur ordinaire, et l'ingénieur ordinaire au conducteur, toujours à la même intention.

Le colonel de gendarmerie écrit au capitaine, et le capitaine au brigadier, pour la même consigne.

Le directeur de la douane écrit au receveur, et le receveur au douanier, pour la transmission de l'écho.

Enfin le préfet écrit au sous-préfet et le sous-préfet au maire, le tout sans affiliation, bien que ce soit une correspondance, pour annoncer que le Rhône fera une excursion à Nîmes si le département du Gard nomme M. Bravay, candidat d'abord agréable et finalement agréé.

M. Bravay n'a plus désormais qu'à dormir sur l'oreiller commode de sa candidature officielle; il y aura dans chaque canton, dans chaque commune, dans chaque village, dans chaque hameau, ou un garde champêtre, ou un gendarme, ou un cantonnier, ou un secrétaire de mairie qui colportera de porte en porte et les affiches de M. Bravay, et les circulaires de M. Bravay, et les bulletins de M. Bravay, et les mérites de M. Bravay.

Voyez maintenant le candidat de l'opposition, ce grain de poussière réduit à lui-même, obligé de lutter contre toutes les hiérarchies combinées de l'administration, de la finance, de la magistrature, de la gendarmerie, de la voirie, de l'instruction, de la douane, etc.

Il a quarante mille électeurs à édifier sur son compte, et cent, et deux cents sections électorales à desservir, et cinquante mille et cent mille bulletins de vote à distribuer; car une élection, comme une bataille, exige une triple consommation de cartouches.

Comment remuer cette montagne de papier, comment la détailler, comment la plier, la coller, la timbrer, l'adresser, la mettre sous bande, et la mettre à la poste, si le candidat ne peut réunir un nombreux personnel pour faire tout cela de jour en jour, d'heure en heure, avant et pendant l'élection?

Mais ce personnel constitue, *ipso facto*, un comité électoral et ce comité constitue un délit; on en sait le prix : l'amende ou la prison, quelquefois les deux ensemble.

Le candidat dès lors n'a plus qu'à retirer son nom de la lutte, car si son nom ne peut arriver matériellement jusqu'à l'urne, par quel miracle pourrait-il en sortir avec la chance d'une majorité?

Du moment que le pouvoir, toujours penché sur le suffrage universel, ne veut y voir que sa figure, on peut bien lui dire, sans lui manquer de respect, ce qu'une déesse disait un jour à Adonis : « Prends garde de t'aimer trop toi-même. »

Le temps présent aime à jouir. Je ne crois pas le calomnier en le disant. Autrefois la France s'ennuyait;

aujourd'hui elle s'amuse, peut-être même un peu trop, à en croire du moins la statistique judiciaire, qui pousse régulièrement chaque année un gémissement de douleur sur le progrès au galop de la débauche.

On gagne de l'argent, on le dépense à mesure. Le caboulot prospère, la vitrine flamboie, l'absinthe ruisselle, le café chantant regorge, le bal masqué ne masque plus que la figure, et si je voulais prêter l'oreille au vent, je pourrais vous redire, monsieur le substitut, certaine aventure qui fait un saut en arrière de dix-huit siècles et nous replonge en pleine nuit de Pétrone.

La Dame aux Camélias liquide avec avantage et tire du matériel de la maison une somme de quatre cent mille francs, les lavabos compris, sans compter les tapis de pied retirés de l'enchère par respect pour les armoiries.

Enfin on a trouvé un nouveau plat à la *Maison Dorée,* et Lucullus, au sortir de la Bourse, nous proclame le peuple le plus heureux de la terre après le peuple chinois.

J'aime à vous rendre justice, monsieur le substitut, dussé-je n'être pas payé de retour, et je vous crois volontiers inquiet d'un bonheur malsain qui ressemble de bien près au mal ardent. Chaque fois que vous avez à requérir contre un nouvel attentat à la pudeur, je suis sûr qu'au fond de vous-même vous voudriez trouver un désinfectant contre la maladie du moment.

Mais il n'y a d'autre chlore contre le vice que le forum. On ne guérit une passion que par une passion d'un ordre supérieur; c'est l'homœopathie appliquée à la politique, et, sur ce terrain, elle a toujours eu raison.

L'histoire dit que la moralité d'un peuple est en raison de sa liberté.

Voulez-vous arracher l'homme au quart d'heure honteux, versez-lui l'amour du bien public, ouvrez-lui un champ d'action qui occupe et qui élève en même temps sa pensée. Mais si au contraire vous semez un obstacle ou un danger sous chacun de ses pas dans l'exercice de son droit de citoyen, si vous le découragez, si vous le détournez non-seulement de l'agitation, mais même de l'action politique, savez-vous ce que vous faites à votre insu?

Vous le refoulez sur lui-même, vous le rejetez dans le sauve-qui-peut de l'égoïsme. « A quoi bon me remuer, dira-t-il, si ce n'est à me compromettre? Le droit électoral ne sera plus désormais qu'un chapitre détaché du droit administratif. Laissons notre préfet voter seul par trente mille mains à la fois. Vive la gaieté! Il n'y a que cela de sérieux, et autre chose aussi qu'on ne dit pas, par ménagement pour l'oreille; dressons un autel au dieu du ventre, et après nous le déluge! » Et sur la tombe du siècle on pourra mettre la copie de cette épitaphe :

« Sardanapale d'Anakindaraxe a bâti Tarse en un « jour, imite-le, mange, bois et joue. Le reste ne vaut « pas un claquement de doigts. »

PAGNERRE, LIBRAIRE-ÉDITEUR
Rue de Seine, 18, à PARIS

A. CORBON

LE
SECRET DU PEUPLE
DE PARIS

Le peuple est un livre vivant. Quiconque saura y lire y découvrira le secret des aspirations de la société moderne.

Et pourtant ce livre vivant est illisible à la plupart des personnes qui cultivent la science sociale, parce qu'elles sont presque toutes sous le coup de ce préjugé, que les aspirations populaires ne peuvent leur fournir aucune indication lumineuse. Afin de prouver le contraire, l'auteur de cette étude a quitté un moment ses outils habituels pour prendre la plume. Chair de la chair de la classe ouvrière, comme il le dit lui-même, et, mêlé depuis longtemps à ses agitations, il lui était plus facile qu'à beaucoup d'autres de déchiffrer les énigmes que présente le caractère du peuple de Paris, ce représentant naturel de toutes les populations laborieuses de la France.

La nouveauté du sujet, la physiologie animée de la population ouvrière, la profondeur et l'originalité des aperçus, la couleur et l'allure toutes spéciales du style, font de ce livre la plus attrayante et la plus instructive des lectures. Ce qui frappe dans cette révélation, fruit d'observations patientes et d'expériences personnelles, c'est la persistance des tendances du peuple, la sûreté de son instinct et la grandeur de ses aspirations.

SOMMAIRE

PREMIÈRE PARTIE. — *Physiologie de la population ouvrière de Paris.* — Traits distinctifs des classes et catégories dont elle se compose.

DEUXIÈME PARTIE. — *La question du travail selon le peuple.* — Généralités socialistes. — Solutions qui conviennent le mieux à la classe ouvrière. — Secret de sa manière d'être dans l'atelier.

TROISIÈME PARTIE. — *La politique du peuple.* — Si l'on a raison du peuple avec du pain et des fêtes. — Ce qu'est l'État dans la pensée du peuple. — Son idéal politique. — Les partis. — Leur raison d'être. — Tant ils sont vivants, tant est vivante la société. — Le parti démocratique. — Caractère universel de la révolution française. — Problèmes qu'elle soulève. — Les libres chercheurs. — Où est l'instinct de la Révolution.

QUATRIÈME PARTIE. — *La religion du peuple.* — L'Église délaissée par le peuple au profit de la Révolution. — Justification de ce parti pris. — Le peuple est spiritualiste. — La Révolution répondra aux besoins de l'âme. — La rédemption terrestre, promise par le Christianisme, sera réalisée par la Révolution. — Le bagne transformé en atelier par l'esprit nouveau; l'exilé à vie élevé au rôle glorieux de collaborateur de la Divinité. — Base de certitude. — Le Secret du peuple.

PARIS. — IMPRIMERIE DE J. CLAYE, RUE SAINT-BENOIT, 7.

www.ingramcontent.com/pod-product-compliance
Lightning Source LLC
LaVergne TN
LVHW020252230826
846091LV00006B/2366

* 9 7 8 2 0 1 3 3 7 4 5 3 8 *